Personas que predicen

Estimar

Diana Noonan

Créditos de publicación

Editora
Sara Johnson

Directora editorial
Emily R. Smith, M.A.Ed.

Editora en jefe
Sharon Coan, M.S.Ed.

Directora creativa
Lee Aucoin

Editora comercial
Rachelle Cracchiolo, M.S.Ed.

Créditos de imagen

La autora y los editores desean agradecer y reconocer a quienes otorgaron su permiso para la reproducción de materiales protegidos por derechos de autor: portada, Big Stock Photos; pág. 1, Photodisc; pág. 4 (abajo), Photodisc; pág. 4 (arriba), Shutterstock; pág. 6, Photodisc; pág. 7, Corbis; pág. 8, Big Stock Photos; pág. 9, Elvele Images/Alamy; pág. 10, Corbis; pág. 11, Kevin Foy/Alamy; pág. 12, Jochen Tack/Alamy; pág. 13, Corbis; pág. 14, Visions of America, LLC/Alamy; pág. 15, Visions of America, LLC/Alamy; pág. 16, I Stock Photos; pág. 17, NYCFoto.com; pág. 18, Shutterstock; pág. 19, NYCFoto.com; pág. 20, Corbis; pág. 21, Stock Connection Blue/Alamy; pág. 22, Getty Images; pág. 23, Alex Segre/Alamy; pág. 24 (izquierda), Photodisc; pág. 24 (derecha), Ken Welsh/Alamy; pág. 25, Alice McBroom; pág. 26 (arriba), Photodisc; pág. 26 (abajo a la izquierda), Shutterstock; pág. 26 (abajo a la derecha), Big Stock Photos; pág. 27 (arriba), Big Stock Photos; pág. 27 (abajo a la derecha), Shutterstock; pág. 27 (abajo a la izquierda), Corbis RF; pág. 29, Big Stock Photos

Si bien se ha hecho todo lo posible para buscar la fuente y reconocer el material protegido por derechos de autor, los editores ofrecen disculpas por cualquier incumplimiento accidental en los casos en que el derecho de autor haya sido imposible de encontrar. Estarán complacidos de llegar a un acuerdo idóneo con el propietario legítimo en cada caso.

Teacher Created Materials

5301 Oceanus Drive
Huntington Beach, CA 92649-1030
http://www.tcmpub.com
ISBN 978-1-4938-2938-5
© 2016 Teacher Created Materials, Inc.

Contenido

Desastres naturales

Los **desastres naturales** pueden ocurrir en cualquier momento. Pueden ser tornados, **tsunamis** o **erupciones volcánicas**. Por eso, es bueno estar preparados. Las **predicciones** pueden ayudar a prepararnos para los desastres.

Datos

Los científicos recopilan datos y los usan. Los datos les sirven para hacer predicciones. Ellos comparten los datos y las predicciones con otros expertos.

EXPLOREMOS LAS MATEMÁTICAS

Millones de pequeños terremotos ocurren cada año en el mundo. La mayoría son tan pequeños que no pueden sentirse. Muchos ocurren en lugares **remotos**.

Terremotos anuales en Estados Unidos

Año	2005	2006	2007
Cantidad de terremotos	3,685	2,783	2,791

a. Redondea los números al 1,000 más cercano. **Estima** la cantidad total de terremotos.

b. Redondea los números al 100 más cercano. Estima la cantidad total de terremotos.

c. Compara las 2 estimaciones. ¿Cuál crees que es más precisa?

Vulcanólogos

Los **vulcanólogos** aprenden sobre volcanes. Tratan de predecir si un volcán entrará en erupción y cuándo. Pero estas predicciones pueden ser muy difíciles de realizar.

Un vulcanólogo en su trabajo

Sistema de posicionamiento global (GPS)

Los vulcanólogos usan la tecnología **GPS**. Los ayuda a predecir erupciones. Los satélites envían señales a equipos instalados en un volcán. Los gráficos registran la forma cambiante de un volcán. Esto da una pista sobre la posibilidad de que entre en erupción.

Medidores de inclinación

Los vulcanólogos usan **medidores de inclinación**. Cuando es probable que un volcán entre en erupción, sus lados se mueven hacia arriba y hacia fuera. Un medidor de inclinación mide cualquier tipo de inclinación en la pendiente del volcán. La inclinación puede ser un signo de que el volcán puede entrar en erupción.

Un medidor de inclinación

Sismógrafos

Los vulcanólogos también usan **sismógrafos** como ayuda para las predicciones. Los sismógrafos miden movimientos en la tierra. La roca **fundida** circula dentro de los volcanes. Los sismógrafos registran cualquier terremoto ocasionado por esto.

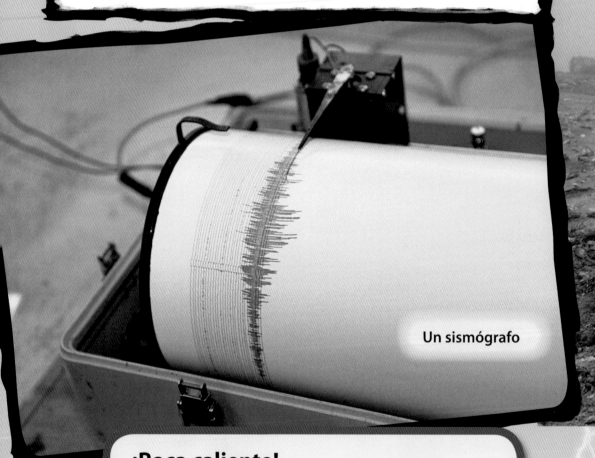

Un sismógrafo

¡Roca caliente!

El magma es roca fundida que está debajo de la superficie terrestre. Cuando un volcán entra en erupción, el magma es empujado hacia la superficie. Se convierte en lava.

Pruebas para detectar gas

Los volcanes liberan gases. Los vulcanólogos examinan estos gases. Cambios en los gases podrían significar que un volcán puede entrar en erupción pronto.

Este vulcanólogo examina los gases de un volcán.

Islas volcánicas

Hawái tiene muchos volcanes. Este gráfico muestra las alturas de 3 de los volcanes.

Volcanes en Hawái

Altura en metros

5000
4000
3000
2000
1000
0

Mauna Loa   Kilauea   Hualalai

Nombre del volcán

¡Las predicciones son difíciles!

Pero los datos de estos instrumentos no siempre son útiles para los vulcanólogos. Algunas erupciones simplemente no pueden predecirse.

Monte St. Helens en erupción

EXPLOREMOS LAS MATEMÁTICAS

En 1980, el Monte St. Helens entró en erupción. Antes de la erupción, su altura era de 9,677 pies (2,950 m). Hoy, su altura es de 8,363 pies (2,549 m). Estima cuánto más bajo es el Monte St. Helens hoy de lo que era antes de la erupción. Responde usando pies y metros. *Pista*: Redondea al 100 más cercano y usa la resta como ayuda.

Preparación para desastres

Los vulcanólogos tratan de predecir si un volcán entrará en erupción. Luego, lo comunican a otros expertos. Estos expertos tratan de suponer qué **daños** pueden ocurrir a las ciudades que están cerca del volcán.

Ciudad destruida por una erupción volcánica

Planificadores

Los planificadores son expertos que trabajan con los vulcanólogos. Los planificadores eligen las mejores rutas que deben usar las personas si necesitan abandonar sus ciudades. También ayudan a decidir cuándo es seguro que estas personas regresen a sus hogares.

Sismólogos

Los **sismólogos** estudian los terremotos. Predicen dónde pueden ocurrir grandes terremotos.

Esta sismóloga mide los movimientos en un sismógrafo.

Medición de terremotos

Los terremotos causan **temblores** en la tierra. Estos temblores se miden en una escala llamada escala de Richter. Generalmente, las personas no sienten un terremoto que mida menos de 3.5 en la escala de Richter. Un terremoto que mida 6.0 o más puede causar graves daños.

Los sismólogos también usan sismógrafos. Algunos sismógrafos miden los terremotos más pequeños. Otros miden terremotos más grandes. Los gráficos registran estos movimientos.

EXPLOREMOS LAS MATEMÁTICAS

Esta tabla muestra la cantidad de terremotos en el mundo por año que miden entre 3.0 y 3.9 en la escala de Richter. Usa la tabla para responder las siguientes preguntas. *Pista:* Redondea al 100 más cercano como ayuda para tus respuestas.

Año	2003	2004	2005	2006	2007
Cantidad de terremotos	7,624	7,932	9,191	9,990	9,889

a. ¿Alrededor de cuántos terremotos hubo en el 2003 y el 2004?

b. ¿Alrededor de cuántos terremotos hubo en el 2005, el 2006 y el 2007?

c. ¿Alrededor de cuántos terremotos en total muestra esta tabla?

Medidores de deslizamiento

Los sismólogos también aprenden sobre movimientos de tierra muy pequeños y lentos. Para ello, usan **medidores de deslizamiento**. Los medidores de deslizamiento ayudan a los sismólogos a predecir cuándo se aproxima un gran cambio.

Los medidores de deslizamiento se entierran.

Predicción de un terremoto

Para los sismólogos no es fácil predecir cuándo ocurrirán los terremotos. Pero la recopilación de datos puede ayudar. Los cambios en pequeños movimientos de tierra pueden ayudar a los sismólogos a predecir grandes terremotos.

Este sismólogo está leyendo los datos generados por un sismógrafo.

EXPLOREMOS LAS MATEMÁTICAS

Esta tabla muestra la cantidad de terremotos registrados cada año.

a. Redondea los números al 1,000 más cercano.

b. Estima alrededor de cuántos terremotos más hubo en el 2006 que en el 2000.

c. Predice cuántos terremotos crees que se registrarán en el 2010. Explica tu predicción.

Terremotos registrados

Año	Cantidad
2006	29,568
2005	30,478
2004	31,194
2003	31,419
2002	27,453
2001	23,665
2000	22,256

Planificadores

Los sismólogos también rastrean cuántos terremotos grandes se han producido en un solo lugar. Luego, dividen la cantidad de terremotos por la cantidad de años entre terremotos.

Ha habido muchos terremotos en San Francisco.

Terremotos en San Francisco

Esta tabla muestra los terremotos en San Francisco que midieron más de 6.0 en la escala de Richter.

Año	Medición en la escala de Richter
1892	6.5
1898	6.5
1906	8.2
1911	6.5
1989	6.9

Los sismólogos comunican a los planificadores dónde creen que va a ocurrir un gran terremoto. Los planificadores luego pueden ayudar a que las ciudades se preparen para los desastres.

Edificios y carreteras

Los edificios y las carreteras pueden quebrarse durante un terremoto. Los expertos necesitan calcular cómo construirlos para que esto no suceda. Los expertos de Japón son líderes mundiales en este tipo de trabajo.

Estar preparados

Las personas deben estar preparadas para los terremotos. Muchas viviendas y oficinas tienen kits para terremotos. Botiquines de primeros auxilios, comida y agua pueden ayudar a que las personas **sobrevivan**.

Estas estudiantes filipinas practican un simulacro de terremoto.

Simulacros de terremotos

Estudiantes y empleados de oficina que viven en áreas de terremotos tienen simulacros de terremotos regularmente.

Meteorólogos

Los **meteorólogos** estudian datos del tiempo. Usan los datos para realizar **pronósticos** del tiempo. También predicen desastres naturales. Pueden advertir a las personas sobre tornados y huracanes.

Un meteorólogo mide la velocidad del viento.

EXPLOREMOS LAS MATEMÁTICAS

Esta tabla muestra la cantidad de tornados en Estados Unidos desde el 2005 al 2007.

Año	Cantidad de tornados
2007	1,093
2006	1,106
2005	1,264

a. Redondea los números al 100 más cercano.

b. Estima la cantidad total de tornados para estos 3 años.

Estaciones meteorológicas

Muchos meteorólogos trabajan en estaciones meteorológicas. Las estaciones meteorológicas recopilan datos del tiempo, como la temperatura del aire. También recopilan datos meteorológicos sobre la velocidad del viento y la presión del aire. Los meteorólogos de todo el mundo usan estos datos para realizar pronósticos.

Barómetros

Los barómetros miden cambios en la presión del aire. Los huracanes y otras tormentas a menudo comienzan en áreas de baja presión de aire. Los barómetros son muy útiles en las predicciones del tiempo.

Registros de lluvias

Los meteorólogos usan pluviómetros para verificar cuánta lluvia ha caído. Algunos de estos pluviómetros están en lugares muy remotos. Estos pluviómetros usan satélites para enviar los datos a las estaciones meteorológicas.

Un meteorólogo usa un pluviómetro.

Meteosats

Los satélites **meteorológicos** se conocen como meteosats. Envían imágenes de la Tierra a las estaciones meteorológicas. Los meteosats pueden registrar patrones de nubes. Muestran rápidamente dónde se están formando grandes tormentas.

Esta imagen muestra la trayectoria del huracán Katrina.

Rastreo satelital

Los meteosats ayudan a rastrear el curso de los huracanes. Se pueden realizar predicciones sobre dónde es probable que ocurra un desastre.

Radares Doppler

Los **radares Doppler** ayudan a que los meteorólogos puedan predecir tornados. Hay radares Doppler instalados a todo lo largo de Estados Unidos. Recopilan datos sobre la dirección y la velocidad de los vientos.

Radar Doppler en un camión

Incendios

Los meteorólogos también pueden predecir un tiempo muy seco y cálido. Los bomberos usan los pronósticos del tiempo para prepararse para incendios. Cuando está muy seco, se advierte a las personas que no deben encender fuego al aire libre.

Incendios forestales
Los bomberos usan datos sobre la dirección del viento y la temperatura del aire. Estos datos los ayudan a decidir dónde establecer cuadrillas de bomberos.

Predecir y prepararse

El 29 de agosto del 2005, el huracán Katrina golpeó la ciudad de Nueva Orleans. Los meteorólogos habían predicho su llegada. Se advirtió a la ciudad y se dijo a las personas que debían irse. Miles de vidas se salvaron.

EXPLOREMOS LAS MATEMÁTICAS

Esta tabla muestra 4 huracanes poderosos. Todos ellos azotaron el sudeste de Estados Unidos.

Huracán	Velocidad del viento en tierra (millas por hora)
Katrina	125
Andrew	165
Camille	190
Florida Keys	200

Redondea los números al 10 más cercano. Estima la velocidad promedio de todos los huracanes.

El resultado del huracán Katrina

Pasado, presente y futuro

Los datos del tiempo del pasado pueden ayudar a las predicciones meteorológicas para el futuro. Muchos científicos creen que el clima de la Tierra está calentándose. Algunos meteorólogos predicen que las tormentas serán más fuertes en el futuro.

La ciudad de Nueva Orleans
después del huracán Katrina

Los desastres naturales son parte de nuestro mundo. Pero gracias a las personas que predicen, podemos estar mejor preparados para ellos. Estar preparados significa que pueden salvarse vidas.

Una meteoróloga rastrea un huracán.

¡Pueblo Ventoso evacuado!

Los científicos han estudiado la cantidad de huracanes en Pueblo Ventoso durante los últimos 8 años. Además, han recopilado datos sobre la cantidad de personas que necesitaban ser evacuadas. Esta tabla muestra los datos.

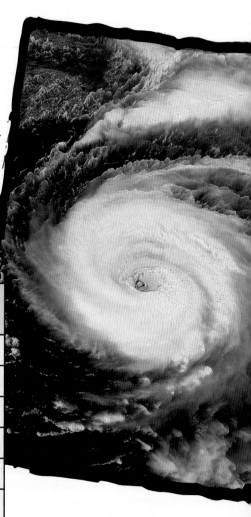

Evacuaciones por huracanes

Año	Huracanes	Personas evacuadas
2007	5	1,195
2006	3	823
2005	4	1,072
2004	2	586
2003	0	0
2002	1	217
2001	2	503
2000	1	195

¡Resuélvelo!

Estima cuántas personas fueron evacuadas:

a. del 2000 al 2003.

b. del 2004 al 2007.

c. durante los 8 años.

Usa los siguientes pasos como ayuda para resolver estos problemas.

Paso 1: Redondea al 100 más cercano la cantidad de personas evacuadas cada año.

Paso 2: Suma las cantidades para encontrar la cantidad total de personas evacuadas desde el 2000 hasta el 2003.

Paso 3: Suma las cantidades para encontrar la cantidad total de personas evacuadas desde el 2004 hasta el 2007.

Paso 4: Suma las respuestas para calcular la respuesta de **c**.

Glosario

daños: estragos causados a una persona o cosa

desastres naturales: eventos que ocurren en la naturaleza, tales como tornados o inundaciones, que causan daños cuantiosos

erupciones volcánicas: cuando la lava y las rocas fundidas salen despedidas de los volcanes

estima: realiza un cálculo aproximado o una suposición

fundida: convertida en líquido mediante calor

GPS (Sistema de posicionamiento global): sistema que usa satélites que orbitan la Tierra para proporcionar datos sobre objetos en la Tierra

medidores de deslizamiento: instrumentos que miden movimientos de una línea de falla geológica

medidores de inclinación: instrumentos que miden la inclinación de la superficie de la Tierra

meteorológicos: relacionados con el estudio del clima y el tiempo

meteorólogos: personas que estudian el clima y el tiempo

predicciones: actos de predecir; haber dicho anticipadamente que algo sucederá

pronósticos: predicciones de lo que sucederá en el futuro

radares Doppler: instrumentos que pueden medir la dirección y la velocidad de los vientos

remotos: lejanos, apartados de otros lugares

sismógrafos: instrumentos que miden los movimientos en el suelo

sismólogos: personas que estudian los terremotos y las vibraciones en la tierra

sobrevivan: continúen viviendo después de cierto evento

temblores: sacudidas o vibraciones de la Tierra, especialmente antes o después de un terremoto importante

tsunamis: grandes olas oceánicas causadas por terremotos o derrumbes submarinos

vulcanólogos: personas que estudian los volcanes

Índice

Exploremos las matemáticas

Página 5:
a. 4,000 + 3,000 + 3,000 = 10,000 terremotos
b. 3,700 + 2,800 + 2,800 = 9,300 terremotos
c. Las respuestas pueden variar. Redondear hasta el 100 más cercano es más apropiado que redondear hasta el 1,000 más cercano porque el total está más cerca de la cantidad real.

Página 10:
9,700 pies – 8,400 pies = 1,300 pies más bajo en altura
(3,000 m – 2,600 m = 400 m)

Página 13:
a. 7,600 + 7,900 = 15,500 terremotos
b. 9,200 + 10,000 + 9,900 = 29,100 terremotos
c. Alrededor de 44,000 terremotos en total

Página 15:
a. Terremotos registrados

Año	Cantidad
2006	30,000
2005	30,000
2004	31,000
2003	31,000
2002	27,000
2001	24,000
2000	22,000

b. Hubo aproximadamente 8,000 terremotos registrados más.
c. Las respuestas variarán.

Página 19:
a.

Año	Cantidad de tornados
2007	1,100
2006	1,100
2005	1,300

b. 3,500 tornados

Página 25:
130 + 170 + 190 + 200 = 690 millas por hora
690 ÷ 4 = 172.5 millas por hora

Actividad de resolución de problemas

Paso 1:

Año	Huracanes	Personas evacuadas
2007	5	1,200
2006	3	800
2005	4	1,100
2004	2	600
2003	0	0
2002	1	200
2001	2	500
2000	1	200

a. Aproximadamente 900 personas fueron evacuadas del 2000 al 2003.
b. Aproximadamente 3,700 personas fueron evacuadas del 2004 al 2007.
c. Aproximadamente 4,600 personas fueron evacuadas durante los 8 años.